한밝 변찬린 시집

선방연가
禪房戀歌

선방연가

초　판 1972년 8월 10일
재　판 1988년 10월 20일
개정판 1쇄 2022년 12월 20일

지은이 **흔붉 변찬린** ◎ 해제 **이호재** ◎ 펴낸이 **김기창** ◎ 디자인 **김현체**

펴낸곳 **도서출판 문사철**
주소 서울 종로구 창경궁로 265 아남A 상가동 3층 3호
전화 02 741 7719 ◎ 팩스 0303 0300 7719
홈페이지 www.lihiphi.com ◎ 전자우편 lihiphi@lihiphi.com
출판등록 제300-2008-40호

ISBN 979 11 92239 21 7 (03810)

값은 뒤표지에 있습니다.

흔붉 변찬린 시집

선방연가
禪房戀歌

지은이 흔붉 변찬린

해제 이호재

도서출판문사철

꽃을 주제로 한 마흔 편의 시

읽어두기

이 시집은 흔붉 변찬린(1934-1985)의 『선방연가(禪房戀歌)』(思想社, 1972)의 초판을 저본으로 한다.

독자의 이해를 돕기 위해 한자와 한글을 병기했다. 다만 한글 다음에 오는 괄호 속 뜻새김 한자는 원문 그대로 놔두었다.

시어 가운데 각주에 간단한 뜻풀이와 고전의 출전을 밝혔다. 단 저본의 각주는 * 표시를 표시하여 개정판의 각주와 구분을 하였다.

독자들은 시에 중심을 두고 감상하기 바라며, 각주는 단순히 참고용으로만 활용하기를 바란다.

차례

해제　11

봄

각(覺)　27
문답(問答)과 사행시(四行詩)　28
향도향(響導香)　29
송화(松花)가루처럼　31
배꽃을 보며　33
운행우시(雲行雨施)　35
도원행(桃園行)　36
한매(寒梅)　38
목련(木蓮)이 필 때　40
비암이 웃던 날　42

여름

난(蘭) 옆에서　47
장미(薔薇)　48
모란이 피는 날에　49
연꽃의 속삭임　50
꽃잎의 우화(羽化)　51
수선화(水仙花)　52
백합개현(百合開顯)　53
해바라기 연가(戀歌)　55

딸기를 먹으며　56
선인장(仙人掌)　58

가을

다시 신약(新約)을 읽으며　63
분화(糞花) 피는 이 아침　66
국화(菊花)의 장(場)　68
연주(戀主)에게　69
구혼가(求婚歌) 1　73
구혼가(求婚歌) 2　74
구혼가(求婚歌) 3　76
구혼가(求婚歌) 4　78
산수유(山茱萸) 피는 아침일까?　80
무제(無題)　82

겨울

설화(雪花), 그 후(後)　87
선방연가(禪房戀歌) 1　88
선방연가(禪房戀歌) 2　90
선방연가(禪房戀歌) 3　92
사계(四季)의 기도(祈禱)　94
태극도(太極禱)　96
요한복음(福音)에 핀 금병매(金甁梅)　98
　1. 빙호(氷壺)에 핀 영(靈)꽃
　2. 간화(姦花) 한 송이
　3. 그대 채취(體臭)를 무덤 속에
곤륜무(崑崙舞)　106

군더더기 삼편(三篇)

    한산(寒山)을 먹듯   111
    내 종식(終熄)은   112
    유언시(遺言詩)   114

후기(後記)   116

제자(題字) 함석헌(咸錫憲)

해제

1. 들어가며

『선방연가(禪房戀歌)』는 흔붉 변찬린(1934-1985, 이하 흔붉선생이라고 함)의 구도적 유언시집이다. 구도의 영성시집(靈聖詩集)에는 "꽃을 주제로 한 마흔 편의 시"에 유언시를 포함한 세 편을 더하여 마흔 세 편의 시가 실려 있다. 초판본은 1972년 장준하가 창립한 출판사인 사상사(思想社)에서 출간되었다. 당시 한국 지성계의 소통의 장 역할을 하던 『씨올의 소리』에 수차례 광고가 되었다. 초판이 절판된 후 『선(禪), 그 밭에서 주은 이삭들』을 제명으로 하는 책에서 합본의 형태로 1988년에 소량출간되었으나 곧 절판되었다. 이후 약 30여 년간 시중에서 구하기 힘든 희귀본이 되었다.

생사의 기로에서 유언시집을 남기고 구사일생으로 살아난 그의 삶의 궤적은 한국의 울타리에 갇혀있지 않다. 인류사적 지평에서 문명담론을 제기할 뿐만 아니라 이를 세계적인 종교운동으로 확산하려는 명확한 실천체계를 가지고 있다. 이로 인해 그의 삶의 지평에서 시집이 가진 맥락적 의미와 가치를 파악하는 것도 의미가 있기에 이에 중심을 두고 해제를 쓰기로 한다.

2. '사람다운 사람'이 되고픈 시대의 구도자

『선방연가』는 1972년에 출간된 흔붉선생의 최초의 저서이다. 이 시집은 시의 형식을 띠고 있어 단순한 비교는 어렵지만 1979년에 출간된 성서해석을 한 『성경의 원리』와 1988년에 출간된 구도유언록인 『선(禪), 그 밭에서 주운 이삭들』과는 확연히 다른 느낌을 준다. 『성경의 원리』는 '흔붉성경해석학'이라고 명명될 정도로 냉철한 비판과 치밀한 논리로 세계 성서해석의 신기원을 열고 있다. 한편 『선(禪), 그 밭에서 주운 이삭들』은 동서고금의 사유체계를 관통한 바탕 위에 담대하고 힘찬 필력으로 자신의 사상을 맘껏 전개한다. 반면에 이 시집은 선방(禪房)에서 차 한 잔을 마시며 역사적 나를 우주의 사계절에 담담히 담아내면서 새 문명을 관조하고 있다. 놀라운 것은 스스로 '산 송장'이라는, 언제 죽을지 모르는 상황에서 다가오는 미래에 희망의 씨앗을 뿌리고 열매맺기를 노래하고 있다는 사실이다. 죽음과 대면하고 있기에 그의 시에는 '거짓'을 읽어낼 수 없고, '순수'한 선방에서 애타는 심정으로 삶을 관조하며 미래를 노래한다. 선방에서 부르는 그의 연가는 절망과 애통이 담긴 비극의 탄생과 탄식이 아닌 생명의 환희와 찬가이다.

그는 근현대의 한민족의 고난과 시련, 그리고 이를 극복하려는 어수선한 시절에 삶의 대부분을 보낸다. 유년기는 일제 강점기의 질곡과 해방의 기쁨으로 새로운 한국을 꿈꾸던 시절 북한 공산주의의 치하에서 보냈다. 청년기에는 한국전쟁으로 월남하여 전통종교와 외래종교가 각축을 벌이며 종교시장이 재편되는 과정에 구도에 나선다. 장년기에는 경제위주 성장정책의 어두운 그림자 속에서 독재권력의 정치적 폭력의 민낯을 오롯이 경험하는 이름없는 민중의 자리에 있었다. 그는 시대의 중심과 민중의 양심이 되어야 할 '종교'가 제 역할을 못하고 자본신앙과 권력지향의 직업종교인에 의해 부패해 가는 종교현장을 똑똑히 목격한 증언자이다.

살아서는 명예와 권력, 재력과는 거리가 멀었고, 안락한 삶은 그의 몫이 아니었다. 뭇 지성인들과 달리 변변한 직업이나 학력조차 내세울 것이 없는 이름없는 자리에서 구도자의 길을 간다. 시집이 출판될 때 일반적으로 사회적 학력과 경력이 자세히 나열되지만,

흔붉선생은 그의 저술에 '邊燦麟'외에는 자신을 증빙할 무엇도 가지고 있지 못하였다. 그러나 함석헌만은 낡은 문명의 온갖 찌꺼기를 껴안고 새 시대를 꿈꾸었던 구도자라는 것을 알고 이 시집에 '禪房戀歌'라는 제자(題字)를 써주었다. 함석헌은 그의 실력과 능력을 눈여겨 보고 자신의 분신과도 같은 《씨을의 소리》의 편집주간을 맡기려 했다는 숨겨진 일화가 있다.

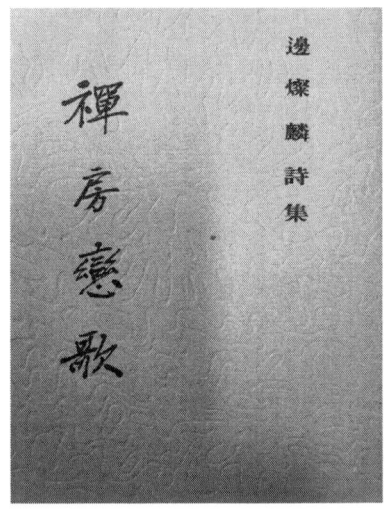

[함석헌의 "禪房戀歌" 제자(題字)]

30세가 채 되기도 전에 세계해석의 확고한 틀을 가졌다는 그의 고백은 '지적 교만'이 결코 아니다. 이 시집이 나오기 전인 32살에 쓰기 시작한 『선(禪), 그 밭에서 주운 이삭들』의 머리말과 초반부에는 무기력

한 역사적 인간의 몰골을 질타하며 절대 자유하고 절대 자재한 궁극적 인간을 노래하며 동방 르네상스의 문명설계를 하는 서술이 엿보인다.

3. 종교계의 테러(?)사건인 '양잿물 사건'

북한의 함흥 천기(天機)리에 태어나 종교적 권위에 의해 은폐된 진리를 온 천하에 공개할 실력과 용기를 가진 그를 세상이 가만히 둘 리가 없다. 장로교 재건교회로 종교입문한 그가 젊은 시절 다양한 종교경험을 체험하는 구도의 과정은 진지하다. 그는 철저히 이름없는 자리에서 다양한 학문을 공부하며 '새 시대의 새 종교'라는 원대한 꿈을 꾸며 구도의 길을 간다. 아무도 모르게 가슴에 품은 웅대한 꿈은 그를 깨달음과 믿음의 종교의 세계로, 인류가 생산한 지식과 지성의 세계로, 분열된 분단조국의 역사현장으로 내몰았다. 구도의 과정에서 그는 그리스도교 신종교 계통의 사주를 받은 지인에 의해 목숨을 잃을 뻔한 지경에 빠진다. 소위 '양잿물 사건'이다. '양잿물 사건'은 비극적인 개인사로만 치부할 수 없는 종교계의 '테러사건(?)'이다. 그가 양잿물을 마신 이후로 식도는 인간의 원초적 욕망을 충족시키는 기능을 상실한다. 타는 목마름은 그의 일상의 십자가였다. 그야말로 '산 송장'의 삶을 살 수밖에 없었다. 누구 하나 이해하는 이 없는 철저한 고독한 길을 걸었다.

훤칠한 키에 서구형 미남이었던 건강한 변찬린을 회고하는 이는 거의 없다. 복싱으로 다져진 단단한 몸과 빛나는 서글서글한 눈동자를 가진 외모, 함경도의 억센 사투리에서 울려나오는 묵직한 소리는 듣는 사람의 폐부를 찌른다. 말하면 '말씀'이 된다. '양잿물 사건'이 없었다면 그의 삶은 어떻게 전개되었을까? 세계 경전을 새롭게 해석하겠다는 그의 원대한 학문적 목표가 달성되었을까?

'양잿물 사건'으로 하루에도 너댓 번씩 생사의 문턱을 드나드는 절체절명의 순간과 물 한 방울 넘기지 못하는 신체적 한계상황에서 운명을 눈앞에 두고 생을 정리한 구도의 열매가 『선방연가』이다. 시집 마지막에 「유언시」가 있는 이유이다. 이런 상황을 모르면 '부식성식도협착(caustic stenosis of the esophagus, 腐食性食道狹搾)'과 '폐결핵'이라는 지병으로 치부하면서, '피를 쏟으며' 죽음과 사투를 벌이던 당시의 긴박감을 그냥 지나치기 쉽다.

그의 구도의 시작이 "번개와 피와 아픔"이라면,

구도의 일상은 "공포의 불안, 고독한 우수, 절망의 허무, 죽음의 원죄"이고, 구도의 마지막은 "번개와 피와 아픔과 눈물과 고독"이다. 철저한 고독과 피를 토하는 아픈 몸을 이끌고 그는 절망과 죽음과 저주를 말하지 않는다. 더구나 시에서는 세상에 대한 분노와 비판의 소리보다는 낡은 역사에 대한 성찰과 새 문명의 희망을 담담하게 노래하고 있다. 죽었다가 살아나 매일 죽어가는 죽음 속에서 읊조리는 삶과 생명의 연가이기에 깊은 울림으로 다가온다. 그의 생명찬가는 죽음 속에서 탄생한 유언이다. 찬란한 장송곡이다.

4. 풍류시인인 '산 송장'이 부르는 생명의 찬가

그는 한국인의 종교적 심성으로 영성세계와 일상세계를 관통하며, 동서고금의 '말씀'을 종교적 신앙으로 승화시킨다. 완전을 지향하는 구도자로서 인생의 사계절을 우주의 사계절로 확장시켜 구도의 열매가 실상으로 현현되기를 간절히 노래한다. 인류의 운명을 예견하면서 동서고금의 언어 가운데 고르고 골라서 사십여편의 시로 낡은 문명과 자신의 운명을 정리하며 천기누설하고 있다.

마흔 수의 시 가운데 흔붉선생의 구도에 대한 결기를 알고자 한다면, 평소에 그가 좋아했다는 「선인장(仙人掌)」을 음미하면 완성을 향한 구도자의 처절한 자화상에 공명할 수 있다. 그의 구도 이력과 종교 체험을 알고자 한다면 「다시, 신약(新約)을 읽으며」에서 그 단서를 찾을 수 있다. 또한 「송화(松花)가루 처럼」은 풍류체가 되어 우화등선하는 궁극적 인간의 생명의 실상을 말하고 있다.

 사상적으로 『선방연가』는 은폐되었던 동이족의 선가(僊歌)의 독창이자 상실하였던 풍류도맥의 재현이다. 죽음의 사신(死神)을 일상의 동반자로 살았던 흔붉선생은 온전한 인간은 우주의 선기(僊氣)와 교류하여 종국에는 시체마저 남기지 않고 풍류체로 하늘나라에 간다는 선맥(僊脈)의 본질을 현대적 언어로 복원하여 표현하고 있다.

 동방의 선맥(僊/仙脈)사상을 중심으로 그 여운이 담긴 노자와 장자, 도연명을 등장시켜 궁극적 인간을 어떤 때는 창조적 진화의 역사 속에서, 어떤 때는 자연을 소재로 은유적으로 대비하기도 하며, 어떤 때는 성인의 말씀, 즉 노자와 공자, 석가모니 등의 성인과 『노자』, 『장자』 등 도가경전, 『시경』, 『역』 등 유가경전, 불교적 경전 등을 회통시켜 자신의 창조적 언어로 재

해석해 낸다.

훈붉선생은 이 유언시집에서 본래의 대도(大道)인 선맥(僊脈)을 밝힌 시선(詩僊)의 초기 모습을 선보인다. 그러나 시선(詩僊)으로서 본격적으로 펼치는 세계는 『선(僊), 그 밭에서 주운 이삭들』과 『성경의 원리』 사부작을 참고해야 한다.

5. 창조적 구도자와 구원의 모성이 열어제치는 새 세상

난장판인 세상에 휩쓸리지 않고 참다운 진리를 찾아 떠나는 역사의 길에서 훈붉선생은 '이 세상에 살면서 이 세상에 살지 않는 듯'한 선방에서 새 역사를 꿈꾼다. 선방의 은은한 영향(靈香)이 풍기는 텅 빈 고요 속에서 창조적 구도자와 구원의 모성이 영성시대를 여는 새로운 조상이 되어야 한다는 예언적 발언을 선보인다.

풍류시인으로서 훈붉선생은 창조적 숙녀와 구원의 모성 – 어진 인연의 님, 오월의 신부, 연주 등등-을 초대하여 새 시대를 열어야 한다고 애타게 노래한다. 그는 새 하늘과 새 땅을 메타포로 영성시대를 여는 '천지공사(天地工事)'에 한국의 창조적 숙녀(모성)에게 절실하게 호소한다.

역사시대의 종말과 영성시대의 시작은 새로운 인간의 탄생으로 비롯할 수 밖에 없다. 구도를 완성한 남자와 여자는 만물의 영장으로 거듭나야 한다. 참 여성과 참 모성에 대한 깊은 관심은 서구적 페미니즘을 극복하는 생명 탄생의 신비와 근원에 대해 다시금 생각해 볼 담론의 단초를 제공한다. 특히 결실의 계절인 역사의 가을에 쓴 「구혼가」 세 편과 우주의 겨울에 부른 「선방연가」 네 편은 초인(류)의 탄생을 노래한다.[1] 더 나아가 태극의 기도인 「태극도(太極禱)」는 동서의 대표적 경전인 역(易)의 괘상과 성서의 사건을 해후시키면서 성스러운 팔괘(八卦)의 여덟 가족을 영성시대의 새 조상으로 표현하고 있다. 이 시의 백미(白眉)이다.

우리는 그의 시에서 만물의 영장인 참 남자와 참 여자가 역사의 가을인 지금, '무엇을 해야 하는가'를 반드시 읽어내어야 한다. 바로 그 지점에서 우리는 새로 시작해야 한다.

---

[1] 구체적인 내용은 『성경의 원리 上』, 「도맥론(道脈論)」, 「성령론」, 「성모론」, 「신부론」등을 참고하여야 한다.

6. 나가며

『선방연가』는 지구촌의 사유체계가 온전하게 축적된 한국에서 낡은 문명을 회통한 마지막 구도자란 역사적 자의식에서 새 문명의 패러다임을 예언한 선지자로서의 역사적 사명을 행한 훈붉선생의 사상적 실마리를 엿볼 수 있는 시집이다. 그의 시는 하늘의 소리와 일상적 생활경험과 성인(聖人)의 말씀이 교차적이고 중첩적이고 다의적으로 표현된 회통적 언어와 창조적 언어로 구성되어 있다.

무엇보다 목숨을 건 한 인간의 처절한 진리를 향한 구도의 길에서 유언을 남기듯 쓰여진 시집에는 하나의 거짓도 없는 진실만이 기록되어 있다.

> 우주를 순례하는 구도자.
> 잠시 지구(地球)별에 와서
> 하나님과 악마를 만나고
> 성인(聖人)들과 연인(戀人)들을 만나고
> 비의(祕義)의 내면(內面)
> 성실(誠實)과 고독으로 뭉친 핵(核)
> 그 마음의 핵력(核力)을 개방하기 위하여
> 홀로 고행(苦行)한 무명(無名)한 자각자(自覺者)
> 여기 누워있다.[2]

2　변찬린, 『禪, 그 밭에서 주운 이삭들』, 164.

7. 변찬린의 주요 저술 및 그에 대한 연구도서

해제에서 부족한 부분은 그의 주요 저술과 연구도서를 소개하는 것으로 갈무리한다. 모든 저술은 이 시집이후에 발간된 것이다.

【변찬린의 단행본】

변찬린, 『선방연가(禪房戀歌)』, 思想界, 1972.

변찬린, 『선(禪), 그 밭에서 주은 이삭들』, 문사철, 2022.
(초판: 변찬린, 『선(禪), 그 밭에서 주은 이삭들』, 가나안 出版社, 1988)

변찬린, 『성경의 원리 上』, 한국신학연구소, 2019.
(초판: 邊燦麟 述, 『聖經의 原理』, 文岩社, 1979)

변찬린, 『성경의 원리 中』, 한국신학연구소, 2019.
(초판: 邊燦麟 述, 『聖經의 原理』中, 榮一文化社, 1980)

변찬린, 『성경의 원리 下』, 한국신학연구소, 2019.
(초판: 邊燦麟 述, 『聖經의 原理』下, 가나안, 1982).

변찬린, 『요한계시록 신해』, 한국신학연구소, 2019.
(초판: 변찬린 저, 『요한계시록 신해』, 홍인문화사, 1986)

CHAN-LIN, BYUN, *Principles of the Bible*, Seoul Saechurch Bible Studies, 1995.

【주요 논고】

변찬린, 「증산(甑山)의 해원사상(解冤思想)」, 『甑山思想硏究』1輯, 1975.

변찬린, 「呪文攷(太乙呪와 侍天呪)」, 『甑山思想硏究』3輯, 1977.

변찬린, 「聖書와 易의 邂逅」, 『甑山思想硏究』4輯, 1978.

변찬린, 「僊(仙)攷」, 『甑山思想硏究』5輯, 1979.

변찬린, 「노스트라다무스의 豫言과 天地開闢」, 『甑山思想硏究』7輯, 1981.

【시와 종교에세이】

변찬린, 「不二의 法門으로」, 『씨알의 소리』제13호, 1972.

변찬린, 「산에 부치는 글」, 『씨알의 소리』제28호, 1973.

변찬린, 「靈室日記」, 『씨알의 소리』제29호, 1973.

변찬린, 「大夢歌」, 『씨알의 소리』제31호, 1974.

변찬린, 「祈禱」, 『씨알의 소리』제35호, 1974.

변찬린, 「진주와 다이아몬드」, 『씨알의 소리』제36호, 1974.

변찬린, 「다시 산에게 부치는 글」, 『씨알의 소리』제161호, 1977.

【성경강의 테이프】

변찬린, 《성경강의테이프》, 347개(1977-1984).

【주요 연구도서】

이호재, 『흔붉 변찬린(한국종교사상가)』, 문사철, 2017.

이호재, 『포스트종교운동: 자본신앙과 건물종교를 넘어』, 문사철, 2018.

이호재, 『선맥과 풍류해석학으로 본 한국 종교와 한국 교회』, 동연, 2022.

봄

각(覺)³

   하늘에 춘뢰(春雷)⁴ 소리
   땅에 화뢰(花蕾)⁵ 소리

   환한 이 아침
   천지(天地) 사이 충만한 소식 속에

   내 머릿골이
   열리는 소리

---

3 각(覺) : 깨달음.
4 춘뢰(春雷) : 하늘에서 울리는 봄우레.
5 화뢰(花蕾) : 땅에서 꽃봉우리가 터지는 우레소리, 뢰(蕾)는 꽃봉우리(艹)와 우레의 뢰(雷)를 결합한 한자.

문답(問答)과 사행시(四行詩)

이놈 뇌암(雷岩)아,
네 남근(男根)에 무슨 꽃이 피었는고?

무화과(無花果)니라
허허허.

이 아침 복사꽃 피네.
일곱 번째 손⁶, 싹튼 지팡이⁷
옛 비암⁸의 머리를 상(傷)한 막대기에서
요요(夭夭)⁹한 복사꽃 지천으로 피네.

---

6 * 일곱 번째 손 : 원숭이는 다섯 손(自然)을 쓰는 존재. 인간은 여섯 번 째 손(道具)을 쓰는 존재(싸르뜨르의 말). 일곱번 째 손은 도구(道具)의 차원을 넘어선 영적(靈的) 심적(心的) 여의봉(如意棒)을 의미함.
7 * 싹튼 지팡이 : 이스라엘 12지파(支派)의 지팡이 가운데 모세의 형 아론의 지팡이에서 싹이 나서 살구꽃이 피고 열매를 맺음(민수기 17장).
8 * 비암 : 뱀(蛇)의 고어(古語), 옛 비암 . 인간 시조(始祖)를 타락시킨 악마(창세기 3장, 요한계시록 12장 9절)
9 * 요요(夭夭) : 도화요요(桃之夭夭)『시경(詩經)』,「주남(周南) /도요(桃夭), 나무의 한창인 모양.

향도향(響導香)

이 길에
초목(草木)은 없는데

뉘신가?
라일락 체취(體臭)를 풍기면서
나보다 앞서가는 자(者)여.

소리도 냄새도 없는
물빛,
하늘[10]을 향해

마파람[11] 새바람[12] 가수알바람[13]에
그윽히 방향(芳香)을 뿜으며
바이 형상(形像)도 없이
저만큼 앞서 간다.

---

10 * 소리도 냄새도 없는 하늘 : 천상지재 무성무취(天上之載 無聲無臭) 『중용』.
11　마파람 : 남쪽에서 부는 바람.
12　새바람 : 동쪽에서 부는 바람.
13　가수알바람 : 서쪽에서 부는 바람.

기(氣)여.

나를 향도(響導)하는 향(香)이여.

송화(松花)가루처럼[14]

푸른 하늘을 날으는
송화(松花)가루처럼

이 육신(肉身)을 흩어
미세한 원소(元素)의 꽃으로
즘뿍, 허공에 뿌리자.

푸르스름한 산(山)바람에 풀어져
내 숨결
신묘(神妙)한 풍류체(風流體)[15]가 되면

넘실거리는 송도(松濤)에 실려
투명하게 기화(氣化)한 내 영(靈)은
어디로 몰입(沒入)될까?

---

14 '우화등선(羽化登仙)'을 주제로 한 시임. 변찬린, 「선고[僊(仙)攷]」, 『증산사상연구』5輯, 1979, 210-211쪽에 수록되어 있음.
15 풍류체(風流體)는 시공을 초월한 자유자재한 궁극적 인간이다. 저자는 1970년대 전후하여 풍류체(風流體), 풍류심(風流心)과 풍류객(風流 客)이라는 용어를 창안하여 경전해석과 사상전개에 중요한 언어로 사용함. 변찬린, 『성경의 원리 下』, 도서출판 가나안, 1982, 4327, 428, 430, 491-492.; 변찬린, 『禪, 그 밭에서 주운 이삭들』, 도서출판 가나안, 1988, 138, 139.; 변찬린, 『선방연가』사상사, 1972, 17.;이호재, 『포스트종교운동』, 문사철, 2018, 54-74.

곡신(谷神)[16]이여.

하늘과 땅 사이 구멍을 뚫어놓고

바람을 풍겨내어

탁약(橐籥)[17]의 피리를 부는가.

갈매 빛 청산(靑山) 허리에

한 줌 꽃가루를 날리고

이내(嵐)[18]에 파묻혀

나는 종적(踪跡)을 감추리.

---

16 * 곡신(谷神) : 곡신불사(谷神不死 『노자(老子)』제6장), 자연의 대도(大道)를 가리킴. 골짜기는 공허(空虛)함으로 도(道)의 허무(虛無)에 비(比)함. 도(道)의 지니는 힘의 신령함으로 신(神)에 비(比)함.
17 * 탁약(橐籥) : 풀무와 피리(『노자(老子)』제 5장).
18 이내(嵐) : 해질 무렵에 멀리 보이는 푸르스름하고 흐릿한 기운. 남기(嵐氣).

배꽃을 보며

회상(回想)의 뜨락에
배꽃이 핀다.

어느 해였던가?
정백(淨白)[19]한 아침 나절
나는 주남(周南)[20]을 읽다가
홀연히 목멱(木覓)[21]이 부르는 이상한 소리를 들었지.

그 날 해으름에
가볍게 명동(明洞)을 거닐다가
국립극장(國立劇場) 앞 한길에서
담장(淡粧)[22]한 어떤 합부인(閤夫人)[23]과
서로 무심(無心)히 옷깃을 스쳤지.

난야(蘭若)[24]에서 재회(再會)하던 날
수로(水路)모양 이상한 향기를 풍기면서

19　정백(淨白) : 깨끗하고 흰.
20　* 주남(周南) : 『시경(詩經)』, 「국풍(國風)」.
21　* 목멱(木覓) : 남산(南山)의 옛 이름.
22　담장(淡粧) : 수수하고 엷게 한 화장.
23　합부인(閤夫人) : 남의 아내를 높여 이르는 말.
24　* 난야(蘭若) : 고요한 곳. 절(寺).

그미는 조신(操身)하게 머리를 숙여
뱅어 매츨한 모다라비[25]로
진솔 외씨 버선코[26]만 만지작 거리고
발그레 달아오른 수밀도(水蜜桃)[27]의 귀뿌리를
나도 말없이 한식경[28] 쳐다 보았지.

영원을 사모하는 마음이 없었던들
아. 인연(因緣)에 대취(大醉)[29]한 그날
우리는 얼마나 더럽혀졌을까?

어언 열두 해
정백(淨白)한 오늘 아침
나는 주역(周易)을 관주(貫珠)하다가
홀연히 북악(北岳)이 부르는 신령한 소리를 들었지.

---

25 * 모다라비 : 중생의 번뇌를 잠재우는 관세음보살의 손길.
26 진솔 외씨 버선코 : 새로 신은 여자의 발이 맵시있게 길쭉하고 통통하게 보이는 버선의 코.
27 수밀도(水蜜桃) : 껍질이 얇고 물이 많은 고급품종의 복숭아.
28 한식경(一食頃) : 한 끼 식사할 정도의 시간.
29 대취(大醉) : 몹시 취한.

운행 우시(雲行 雨施)[30]

바람이 센 날에
티끌처럼 해체(解體)될 육신
애애(靄靄)[31] 한 김(氣)이 되어
비 터에 엉킬 내 의식(意識)은
춘뢰(春雷) 머금은 흰 구름
아, 사월(四月)의 꽃밭으로 가자.

우뢰로 죽은 대지(大地)를 깨우고
진종일 단비를 내리면
번개를 갊은[32] 여린 아지(兒枝) 끝에
부활할 고운 얼굴들
생명수(生命樹) 맨 윗가지를 피우려
아, 사월(四月)의 꽃밭으로 가자.

---

30 * 운행우시(雲行雨施) : 운행우시 품물유형(雲行雨施 品物流形).
『주역(周易)』건위천(乾爲天)/문언전(文言傳).
31 애애(靄靄) : 안개나 구름이나 아지랑이 같은 것이 자욱한 모양.
32 갊은 : 감추어 간직한.

도원행(桃園行)[33]

대취(大醉)한 걸음으로
푸른 연하(煙霞)
불붙는 도화림(桃花林)[34]으로 가게 하소서.

벌거벗고 춤추며
건들거리며 가게 하소서.

낙화(落花)의 꽃비
꽃비 분분히 맞으며
미답(未踏)의 숲길 헤쳐
지란(芝蘭)[35] 싱그러운 골 안에 드니

저어기, 산정(山頂)에 감도는
오색(五色)의 채운(彩雲)

증발한 내 의식(意識)은

---

33 도원행(桃園行) : 복숭아꽃이 많은 정원으로 가는 길. 도원(桃園), 도화(桃花) 등은 영생의 도리를 깨치는 구도의 장소를 말함. 변찬린, 『성경의 원리, 中』, 한국신학연구소, 2019. 170.
34 도화림(桃花林) : 복숭아꽃이 만발한 수풀. 도화는 복숭아꽃.
35 지란(芝蘭) : 지초(芝草)와 난초(蘭草).

뜬 구름모양

노오피 해체(解體)되게 하소서.

한매(寒梅)[36]

영청(影靑)[37] 시린 하늘에
식(食)칼을 날 세운
살(煞)센 소소리 바람[38]
몇 날을 까불며 새실거릴까[39]?

마쪽[40]을 향해 정좌(靜坐)하면
내 뇌리(腦裏)
스산한 북문(北門) 밖에
엄동(嚴冬)이 녹는 낙수물 소리

저승같이 언
이승의 유리창(窓)이 깨어지는
굉연(轟然)[41]한 소음(消音)

금이 간 동천(冬天)
갈라진 틈 사이로 흐르는

---

36 한매(寒梅) : 추운 이른 봄에 피는 매화.
37 영청(影靑) : 희다 못해 눈이 시리도록 연푸른.
38 소소리 바람 : 이른 봄에 살 속을 애는 맵고 찬 바람.
39 새실거리다 : 조심하지 않고 까불며 웃는다.
40 마쪽 : 남쪽.
41 굉연(轟然) : 소리가 하늘이 무너지는 듯하게 요란스러움.

조춘(早春)[42]의 기류(氣流)

옛 등걸[43] 묵은 낡[44]에
청고(淸高)[45]하게 피는
매운 태(態)
교결(皎潔)[46]한 기품(氣品)

빙호(氷壺)[47]에
가득히 고이는
암향(暗香)이여.

---

42 조춘(早春) : 이른 봄.
43 등걸 : 그루터기 몸.
44 낡 : 나무.
45 청고(淸高) : 사람됨됨이가 청백하고 고결함.
46 교결(皎潔) : 마음씨가 깔끔하고 깨끗한.
47 빙호(氷壺) : 깨끗하고 맑은 마음을 얼음담은 항아리로 비유.

목련(木蓮)이 필 때

전생의 어느 날
나는 목련(木蓮)과 교감(交感)했을까?

아알라야식(識)[48]
심층(深層)에 뿌리를 뻗은
기억(記憶)의 나무에서 개화(開花)하는
인상(印象)의 꽃이여.

목련(木蓮)이 일으키는 연상(聯想)을 따라
연상(聯想)의 가지 끝에서 만난
내 어진 인연(因緣)의 님은
이 밤
어느 규방(閨房)[49]에서 수(繡)를 놓으며
그 깨끗한 얼굴에
목련(木蓮)을 피우고 있을까?

달빛이 강선(降仙)하는 춘소(春宵)[50]의 뜨락

48　* 아알라야식(識) : 마음의 심층(深層)에 자리 잡은 모든 식(識)의 근본(根本)(『능가경(楞伽經)』). 종자식(種子識)이라고도 함.
49　규방(閨房) : 부녀자가 있는 안방.
50　춘소(春宵) : 봄철의 밤.

목련(木蓮)꽃 높은 그림자

내 굳게 가부(跏趺)를 튼

닫친 방(房) 영창(映窓)에 아롱거린다.

목련(木蓮)이여,

이승에 핀 명명(冥冥)[51]한 기억(記憶)이여

아

유정(有情)한 이 밤

얇은 종이 한 장 너머

창호지(窓戶紙) 밖에서 목련(木蓮)이 핀다.

---

51 명명(冥冥) : 드러남이 없이 아득하고 그윽함.

비암이 웃던 날

복사꽃 지천으로 피던
현란(絢爛)[52]한 날에
수줍게 꽃물이 터진 떫은 하체(下體)를
호리고 따먹은
아으, 징한 먹구렁이

함뿍 피어나지 못한
신 사춘기(思春期)
풋 열매 따먹다 헛구역질하며
문득,
하늘을 쳐다보고 낯을 붉힌다.

꽃도 피지못한 채
알록 달록
먹음직한 열매를 맺은
선악(善惡)을 알게하는 나무
푸른 무화과(無花果) 잎새로 치마를 엮어
부끄러운 원죄(原罪)를 가린다.

---

52 현란(絢爛) : 눈이 부시도록 찬란함.

애고

더러운 내 팔자야.

돌아앉아 호곡(號哭)[53]하는 이브

간살이 비암의 혓바닥은

호로르르 웃었다.

---

53 호곡(號哭) : 소리를 내어 슬피우는.

여름

난(蘭) 옆에서

가마득히
빈문(牝門)[54]이 열리는
유유(幽幽)한 골(谷)

이 골 안
은은(隱隱)한 난기(蘭氣)에 젖어
반야(般若)[55]를 닦자.

차(茶) 한 잔

잠시,
요한복음(福音)을 접어두고
노자(老子)를 읽는다.

---

54 빈문(牝門) : 그윽한 도의 신령한 힘이 나오는 문, 곡신불사 시위현빈(谷神不死 是謂玄牝).『노자(老子)』제6장.
55 * 반야(般若) : 지혜, 도(道).

장미(薔薇)

불길이다.

이 불길 속에
나를 태워
노오피 분향(焚香)하자.

사루어[56]
완전연소(完全燃燒)한 깨끗한 잿속에
몇 개의 사리(舍利)가 빛날까?

나무하나님.

---

56 사루어 : 불에 태워.

모란이 피는 날에

아자(亞字) 쌍창(窓)을 열다.

청풍(淸風) 가득히 고이는 산방(山房)

상(床) 위엔 한 권(券)의 책도 없다.

허통 빈 고요

홀가분한 가벼움

판 밖에, 먹물[57] 밖에 그림처럼 조용히 앉아

주렴(珠廉) 사이로 무위(無爲)의 뜨락을 보니

환한 대낮 어룽거리는 빛 아래

거룩한 그분은 그 능(能)하신 도력(道力)으로

지금 한창 모란을 열고 계시다.

가만히 지밀(至密)[58]을 엿보는 황홀감(恍惚感)

오, 나른하고 아득한 자부름이여.

모란이 열리는 소리

눈 감으니 귀가 웃는다.

57　먹물: 머리에 든 지식을 일컫는 전라도 말.
58　지밀(至密) : 더 말할 나위없이 비밀스러움.

연꽃의 속삭임

오롯이 피어난 나의 꽃술에
당신의 마음(馬陰)을 감추(藏)[59]셔요.
연꽃 위에 사뿐히 앉으시면
실로 묘(妙)한 웃음 번지 오리다.

오붓이 피어난 나의 꽃밭에
당신의 마음(馬陰)을 감추(藏)셔요.
연꽃 위에 고요히 자부시면
실로 묘(妙)한 기쁨 넘치오리다.

---

59 * 마음장(馬陰藏) : 붇다의 남근(男根)을 말(馬)의 그것에 비유한
말.『법망경(法網經)』.

꽃잎의 우화(羽化)

눈부신 대낮이다.

나무 그늘에
흐리멍덩 앉아 있노라니
홀연히 변신(變身)될 듯
아, 빛나는 예감(豫感)이여.

때에,
무풍(無風)한 여백(餘白)에
고요히 낙화(落花)하는 꽃잎
하나
가비야이 팔랑거리더니
홀연히 우화(羽化)되어
순수한 정금(精金)빛 나비가 된다.

참 신이(神異)한 날이다.

수선화(水仙花)

당신을 개화(開花)하기 위하여
오늘 밤 나는 하늘이 되어
이슬의 정수(精水)를 내리겠읍니다.

내 구도(求道)하는 산(山)허리
운애(雲靉)[60]가 감긴 고요한 아침에
함초롬이[61] 이슬에 젖은 수선(水仙)이 되어
현수(玄水)의 물가[62]에 만개(滿開)하십시오.

내면(內面)에 쌓아 은밀하게 감춘
신비한 품위(品位)가 아름답게 피어난
당신은 삼십대(三十代) 창조적숙녀(淑女創造的)
비로소 자기 얼굴을 자각(自覺)할 때입니다.

---

60 운애(雲靉) : 구름과 아지랑이.
61 함초롬이 : 가지런하고 고운.
62 * 현수지상(玄水至上) : 순수진리(純粹眞理).『장자(莊子)』,「지북유(知北遊)」.

백합개현(百合開顯)

청정무구(淸淨無垢)한 피밭에
촉루(髑髏)[63]의 빛깔로
한 송이 백합화가 곱게 핀다.

남모르는 비애(悲哀)가 얼마나 크기에
되려,
깊은 고뇌를 사루어 분향(焚香)하는
비의(秘義)의 꽃이여.

이 문(門)을 열고
사람의 아들로 수육(受肉)하기 위하여
하늘은 얼마나 은인자중(隱忍自重) 하셨던가?

저 참소(讒訴)하는 자(者)[64]도 모르게
성총(聖寵)[65]을 가득히 입은
거룩한 밤

---

63 촉루(髑髏) : 해골.
64 * 참소(讒訴)하는 자(者) : 악마를 가리킴(요한계시록 12장 10절).
65 성총(聖寵) : 하나님의 은총.

무염시태(無染始胎)⁶⁶한 피 밭에

촉루(髑髏)의 빛깔로

한 송이 백합화가 곱게 핀다.

---

66 무염무시(無染始胎) : 원죄에 물들지 않은 성령 잉태한 도태(道胎)를 말함.

해바라기 연가(戀歌)

정인(情人)이여
해바라기 밭에 눕자.

너는 진데[67]를 말리렴
나는 화사(花蛇)의 껍질을 벗기겠다.

이 알몸으로
박꽃이 피는 밤에
불을 지르자.

목이 마르면 물을 마시고
새[68] 트면 일어나
솟는 해를 떳떳하게 보자.

---

67 * 진데(즌데) : 여자의 성기(性器).
68 * 새 : 동녘의 고어(古語).

딸기를 먹으며

딸기의 빛깔로
소녀의 볼을 곱게 채색(彩色)한
르노와르[69]씨(氏)

쬐끔은
색동 만다라(曼茶羅)[70]의 밭을
넘겨다 봤나?

딸기의 빛깔로
발그레 상기된 소녀의 볼만큼
이 누리가 밝아 오면
다소곳이 신부(新婦)의 너울을 쓰는
오월(五月)이여.

이 좋은 때
볼 고운 소녀와 만나
한접씨 딸기를 먹으며

---

69 * 르노와르 : 프랑스 인상파(印象派)의 화가(1832 - 1883).
70 * 만다라(曼茶羅) : 법계(法界)의 만덕(萬德)을 구비하였다는 뜻(佛). 이것을 무지개 빛깔로 도화(圖化)하여 관상(觀想) 숭경(崇敬)의 대상으로 함. 요한계시록(啓示錄) 22장 18절 이하(以下)도 이와 같은 것임.

잠시,
색동 만다라(曼茶羅)의 밭을
넘겨다 본다.

선인장(仙人掌)

내 모르쾌라
이 염통이 하나님의 표적(標的)인지
아니면 악마의 사적(射的)인지를……

그 누구의 과녁이 되였기에
그 누구의 겨눔이 되였기에
날마다 불붙는 화살이 날아오고
밤마다 피묻은 창칼이 꽂치는가.

만신에 무수한 못이 박히고
바늘에 찔리운 상이심령(傷痍心靈)
아품이 쓰린 아품을 낳고
상흔(傷痕)이 아린 상채기를 깁는
모질고 질긴 목숨이
향미사(響尾蛇)와 전갈(全蝎)이 기여다니는
매마른 황야(荒野)에 굳굳하게 서 있다.

응얼진 고뇌가 얼마나 크기에
앙금 낀 비민(悲悶)이 얼마나 깊기에
찔린 자욱마다 가시가 돋아나고

난도질당한 아픔마다 침(針)이 솟는가.

서슬이 푸른 의지(意志)여
바위를 쥐어짜면 흐르는 몇 방울 물처럼
이성(理性)의 뒤안
심정(心情)의 안뜰
그 어름에서 배여나온 순수한 눈물로
상(傷)한 목, 타는 식도(食道)를 해갈하며
유배(流配)의 땅, 불모(不毛)의 빈 들에서
자학(自虐)의 채찍으로 고행(苦行)하고 있다.

아, 불인(不仁)한 하늘[71]을 원망하지 말자.
오직 남모르게 분노를 씹어 삼키면서
피멍이 든 상심(傷心)을 홀로 달래는
기찬 인고(忍苦)의 염통 속에 밀려오는
아, 거룩한 혈조(血潮)[72]
뜨겁게 타오르는 홍염(紅焰)[73]이 있어

오만하게 작열(灼熱)하는 저 태양을 향해
내 가시 돋힌 가슴을 풀어헤쳐

---

71 불인(不仁)한 하늘 : 천지불인(天地不仁). 『노자(老子)』 제 5장.
72 혈조(血潮) : 피의 조류 현상.
73 홍염(紅焰) : 붉은 불꽃.

피의 무지개, 피의 무지개
선지 뜨거운 혈분(血噴)을 내뿜어
처절하게 찬란한 생명(生命)의 꽃을
이 비정(非情)한 사막(沙漠)에 피우리라.

가을

다시, 신약(新約)을 읽으며

한 때 나는 난(蘭)을 가꾸면서
노자(老子)의 초입(初入), 말하자면
곡신불사(谷神不死) 시위현빈(是謂玄牝)의 골안
그 부근에서 쇄풍(曬風)[74]하기도 했고

뜨락에 은행잎 지던 어느날에는
구(丘)의 예(禮)다운 투정
굵게 썬 회(膾)를 나무래던
간지러운 잔말을 귓밖에 들으면서
천상지재(天上之載) 무성무취(無聲無臭)의 하늘
그 주변을 서성거리기도 했고

혹은 연꽃에 마음(馬陰)을 감추(藏)시고
사정삼매(射精三昧)에 듭신
구담(瞿曇)[75]의 자부름을 흉내내어
색즉시공(色卽是空) 공즉시색(空卽是色)의 마당
그 계하(階下)[76]에서 조흘기도 했고

---

74 쇄풍(曬風) : 볕에 말리고 바람을 쐼.
75 * 구담(瞿曇) : 부처님 열가지 이름 중의 하나.
76 계하(階下) : 섬돌 아래.

그러다가 자꾸만 낯설어지는 세상
답답하고 심심하여 쇠주(酒)를 마시다가
흐릿한 취중(醉中) 양잿물을 먹고
하루에도 너댓번은 실히
저승의 문턱을 들락거리기도 했다.

헌데, 참 별난 일은
그 전에도 풋풋하고 싱싱한
백합(百合)의 체취(體臭)가 향도(響導)하는
이 신작로(新作路)를 뻔질나게 지나쳤지만
그건 아마도 건성이였던가?

하늘이 도끼질하여 장작을 패듯
아둔한 내 머릿골 쪼개시고
요한복음(福音) 사장(四章) 이십사절(二十四節)에
지지(知止)[77]케 하시니
이 또한 무슨 도연(道緣)일까?

아계(啞鷄)[78] 홰쳐우는 이 아침
청수(淸水)에 눈 닦고 세이(洗耳)하고

---

77 지지(知止) : 앎이 그치는 자리. 종교체험의 다른 표현.
78 아계(啞鷄) : 벙어리 닭.

천지(天地) 사이 향(香)을 사른 후

신단수(神檀樹) 아래 고요히 남면(南面)하여

구름이 사라진

신약(新約)이 여백(餘白)을 의시하며

그 행간(行間)을 되씹어 고쳐 읽는다.

분화(糞花)[79] 피는 아침

해 뜨는 오늘 아침도
문안 올리듯
아버지께 기도를 드리고
잠시 좌선(坐禪) 하노라니

남향(南向)한 골목 안에서
〈똥 퍼요!〉외치는
청소부들의 일상(日常)의 고함(高喊)

이윽코
장지 틈으로 새어드는
똥 구린 내음

이리하여 청명(淸明)한 이 아침
귀 있어 한 소식(消息) 얻어듣고
혼탁(混濁)한 분기(糞氣)[80]에 함뿍 젖어

---

79 분화(糞花) : 똥꽃, 똥과 꽃을 분별하지 않는 깨달음의 경지. 다음을 참고할 것. 이 시집의 「무제(無題)」; 변찬린,『성경의 원리, 中』, 2019. 170; 이호재,『훈붉 변찬린(한국종교사상가)』, 2017, 103-111.
80 분기(糞氣) : 똥향기.

그리스도의 향기(香氣)[81]를 발하는

진여훈습(眞如薰習)[82]이여.

81　* 그리스도의 향기(香氣) : 고린도 후서 2장 14절-16절.
82　* 진여훈습(眞如薰習) : 깨끗하게 하는 진여(眞如)한 마음, 진여(眞如)한 마음의 향기(香氣)를 스며들게 하는 것(佛).

국화(菊花)의 장(場)

핀 국화 앞에
국화와 마주앉아서

국화 뒤안에
핀 국화와 마주앉은
도연명(陶淵明)[83]의 김(氣)을 본다.

문(門)을 연 국화여
꽃, 그 너머로 나는 가고
꽃, 그 너머에서 도연명(陶淵明)은 온다.

만남의 꽃마당
마주 앉은 꽃자리
으호호
맑은 냉향(冷香)에 대취(大醉)하노니

누가 도연명(陶淵明)이며
누가 나인고?

---

83 도연명(陶淵明 : 365~427) : 중국 진(晉)나라의 시인, 「귀거래사」, 「도화원기」등의 작품이 있음.

연주(戀主)에게

수묵(水墨)이 풀리는 침실(寢室)
펼쳐지는 산수(山水)
자욱한 운우(雲雨)[84]
비 터 너머로
왕유(王維)[85]의 남화(南畵)처럼 열리는
선적여백(禪的餘白)
그곳은 몇 층천(層天)일까?

희소천(戲笑天)[86]에서는
웃음으로 사랑을 한다는데
교칠(膠漆)[87]의 정(情)도 좋긴 하지만
님하,
이제는 좀 떨어져 사랑할줄 알자.

매양 붙어만 있으면
어찌 하늘을 개명(開明)하랴?

---

84 운우(雲雨) : 구름비.
85 * 왕유(王維, 699-759) : 당(唐)나라의 궁정시인. 남종문인화(南宗文人畵)의 시조.
86 희소천(戲笑天) : 웃음으로 남녀가 사랑을 나누는 불교의 하늘세계. 화락천(化樂天), 타화자재천(他化自在天)이라고도 함.
87 교칠(膠漆) : 떨어질 수 없을 정도로 친밀한.

희소천(戲笑天) 너머 층층히 푸른 욕계육천(欲界六天)[88]

명명(冥冥)한 그 하늘 위
도솔(兜率)의 정(淨)한 땅에
한한(閑閑)[89]하게 소요하는 선남(善男)과 선녀(善女)를
좀 보렴아.

불 붙는 이승의 피밭에서
심화(心火)로 죽은 지귀(志鬼)[90]가 있고
투기로 죽은 남모(南毛)[91]가 있는
불 붙는 이승의 피밭에서

잠시,
산수(山水)에 놀다가 분방(分房)할 줄 알고
한 자 쯤 사이를 두고
투명한 고독 속에 자리하여
잔잔한 웃음으로 바라볼 줄도 알자.

---

88 욕계육천(欲界六天) : 삼계(三界) 가운데 욕계(欲界)에 속하는 여섯 차원의 하늘. 곧 사왕천(四王天)·도리천(忉利天)·야마천(夜摩天)·도솔타천(兜率陀天)·화락천(化樂天)·타화자재천(他化自在天)을 말함.
89 한한(閑閑) : 조용하고 한가로운.
90 * 지귀(志鬼) : 선덕여왕(善德女王)을 짝사랑하다 심화(心火)로 죽은 순정의 사나이.
91 * 남모(南毛) : 화랑(花郞)의 원화(源花). 준정(俊貞)의 투기로 살해당했다.

사랑과 깨달음은 비례(比例)하는 것
하체(下體)만 알면 인수(人獸)의 야합(野合)
가슴이 뜨거우면 불붙는 순애(純愛)
머리가 알차면 이성(理性)의 대화(對話)

제석천(帝釋天)을 열면 제석천(帝釋天) 만큼한 교감(交感)
범천(梵天)에 오르면 범천(梵天) 만큼한 교제(交際)
사천왕(四天王)에 거닐면 사왕천(四王天)만큼한 교통(交通)

층계를 오르듯
층층히 푸른 하늘을 열고 오르면
판 밖에
먹물 밖에 고요한 니르바나
아, 우리 서로가 감통(感通)하여
언제 그 곳에 도달(到達)할까?

로고스[32]의 씨가 여므는
이 가을
표표(飄飄)[93]한 날.
꽃은 자꾸만 지고

---

92 * 로고스(Logos, 希) : 말씀, 도(道), 우주(宇宙)를 관통(貫通)하는 이성(理性).
93 표표(飄飄) : 산들산들 바람이 부는.

향(香)은 바람에 흩어지는데
무(無)의 빛깔로 물든
비색(秘色)의 하늘 아래서

시린 영청(影靑)에 젖어
님하,
이제는 좀 머리로 사랑할 줄 알자.

구혼가(求婚歌) 1

이런 꽃님은 없을까?
옛도(道)를 훔친
아으, 징한 꽃비암 잡아
내 목에 넥타이처럼 매줄….

이런 꽃님은 없을까?
내 때(坵)를 받아
살내음 핏내음 싱싱하게
그 바다에 연꽃을 피울….

이런 꽃님은 없을까?
내 구실 시들어 갈 때
깨끗한 모성(母性)의 미소 머금고
나직히 자장노래 불러줄….

구혼가(求婚歌) 2

하늘 받치던 기둥이 썩었다.
땅을 받치던 기둥이 썩었다.

도끼여
자루 없는 도끼[94]여.

늬, 나와 신방(新房)을 차려
하늘 받칠 신단수(神檀樹) 찍어 낼거나.

늬, 나와 신방(新房)을 차려
땅을 받칠 신단수(神檀樹) 찍어 낼거나.

도끼여
자루 없는 도끼여.

낡고 헌 집을 헐어 버리고

---

94 * 자루 없는 도끼 : 여인(女人)을 은유(隱喩)한 원효(元曉)의 오언시(五言詩); 수허몰가부 아작지천주(誰許沒柯斧 我斫支天柱) 〈의역(意譯)〉: 누가 자루 없는 도끼를 내게 주어 나로 도끼자루가 되기를 허한다면 내 하늘 받칠 기둥을 찍으리라. * 태종 무열왕 김춘추는 이 노래의 뜻을 깨닫고 그 딸 아유타(요석공주)를 주어 설총(薛聰)을 얻었다.

새 기둥 받칠 천지공사(天地工事)[95] 하자.

붉산(山)의 배달나무 찍어 내려
새 집을 짓고 신시(神市)를 열자.

---

95 천지공사(天地工事) : 낡은 세계와 낡은 시대를 허물고 새로운 하늘과 땅을 만드는 개벽공사.

구혼가(求婚歌) 3

땅을 디디고 하늘 우러러
다문 입 찢어지게 가가대소[96]하고
방귀 한 번 크게 뀌고 똥을 누었다.

개들아,
영산(靈山)의 똥개들아
태산같은 내 똥을 핥아 먹으렴!

그까짓 경서(經書)
전라도(全羅道) 엿장수가 오면
휴지(休紙)나 파지(破紙)처럼 엿을 사먹겠다.

그까짓 성인(聖人)
동구(洞口)밖 느티나무에 효수(梟首)[97]하겠다.

아 가볍다 춤이나 추자
아 즐겁다 노래나 부르자.

---

96 가가대소 : 한바탕 소리내 크게 웃음.
97 효수(梟首) : 죄인의 목을 베어 높은 곳에 매달아 놓음.

표주박을 두드리면서
땅꾼처럼 먹구렁이를 팔뚝에 감고
광화문(光化門) 네거리에서 광대짓이나 할꺼나.

흔들 흔들 멋에 겨워
벌거 벗고 춤추며
자랑스럽게 내 남근(男根)을 흔들어 볼꺼나.

태평로(太平路) 한 복판에서
큰 웃음거리가 되면
큰 구경거리가 되면
얼굴 붉히는 숙녀(淑女)들 가운데
한 사람쯤 깬 혼(魂)이 없을까?

구혼가(求婚歌) 4

세계(世界)의 때(垢)를 받으실
요조숙녀(窈窕淑女)[98]는 어디에 숨어 계십니까?

한국(韓國)의 여인이여 깨소서
첨성대(瞻星臺)에 올라 북두(北斗)를 보시던
선덕여왕(善德女王)의 높맑은 슬기 본 받아
하늘의 기미(機微)를 살펴 보십시오.

이때가 어느 때 입니까?
동정녀(童貞女) 마리아 성령(聖靈)으로 잉태하던
때가 찬 때가 아닙니까?
하늘이 지인(至人)을 보내시려고
청정(淸淨)한 피밭을 찾고 계십니다.

피임약을 복용치 마십시오
소파 수술이 웬 말입니까?
천하(天下)의 숙녀(淑女)들이 창녀(娼女)를 닮아가도
한국(韓國)의 여인이여 당신은 깨어

---

98 *요조숙녀(窈窕淑女): 군자호주(君子好逑).『시경(詩經)』,「주남(周南)」.

하늘이 뿌리는 씨를 받으십시오.

이 무명(無明)이 답답하지 않으십니까?
저 민중(民衆)이 측은하지 않으십니까?
황무(荒蕪)해가는 세계심전(世界心田)[99]에
흔아들 지인(至人)을 낳아 주십시오.

---

99 세계심전(世界心田) : 인류의 마음밭.

산수유(山茱萸) 피는 아침일까?

오, 순수한 모순인
장미꽃 가시로 릴케를 찌르고
매독(梅毒)으로 보오드레르를 헐고
폐(肺)꽃으로 이상(李箱)을 파먹고
담배갑(匣) 은지(銀紙)에 핀 동자(童子)들이
우리들의 이중섭(李仲燮)이를 앗아간
천만 개의 탈을 쓴 죽음이
나에게는 어떤 모습으로 나타나실까?

산수유(山茱萸) 피는 아침일까?
정향(丁香)[100]이 지는 저녁일까?
청자(青瓷)빛 개인 날일까?
수묵(水墨)빛 흐린 날일까?

똑 나를 닮은
내 모습을 한 죽음이
예감(豫感)된 빛나는 날에
가부좌(跏趺坐)한 나와 만나주실까?

---

100   정향(丁香) : 말린 꽃봉오리가 마치 못과 같다고 하여 정향이라고 함.

뿌우연 일상(日常)의 오늘 아침
나날의 습성(習性)으로 조간(朝刊)을 접어들었더니
검은 테를 두른 부고란(訃告欄)이
히죽히죽 나를 비웃고 있다.

허허허
미당(未堂)이 그랬던가
마흔은 귀신을 보는 나이

문득,
저승이 닥아서는 섬짓한 이 아침
이제 나도 불혹(不惑)의 철이 드나부다.

무제(無題)

혹(惑)하지 않는다, 이제는.
까마귀와 까치 소리를 분별(分別)하지 않고
꽃과 똥을 한가지로 본다.

고뇌의 비린 진물 아리게 빠지더니
맑아지는 심성(心性)의 수정(水晶) 눈동자
환하게 귀신을 볼 것 같다.

함박꽃[101] 속에 숨은 함박꽃의 귀신
영산홍(映山紅)[102] 속에 숨은 영산홍(映山紅)의 귀신
뻬꼬니야[103] 속에 숨은 뻬꼬니야의 귀신
마가레트[104] 속에 숨은 마가레트의 귀신

허나 무섭지 않다. 이제는,
부적(符籍)도 지니지 않고
주문(呪文)도 외우지 않는다.

---

101 함박꽃 : 철쭉꽃의 방언.
102 영산홍(映山紅) : 진달래과의 상록관목.
103 뻬꼬니야 : 베고니아 (Begonia grandis) 꽃. 줄기는 황색이지만 마디는 홍색을 띠고 있음.
104 마가레트 (marguerite) : 국화과의 여러해살이풀. 꽃말은 진실한 사랑.

누가 날 범(犯)하랴
이 밝은 빛 아래.

겨울

설화(雪花), 그 후(後)

합장(合掌)한 내 열 손가락은
뻗어오른 생명수(生命樹)의 맨 윗가지
백만년(百萬年) 정정한 고목(古木)에
이 겨울 설화(雪花)가 정백(淨白)하다.

수액(樹液)은 따스한 피
만대(萬代) 긴 혈맥(血脈) 끝에서 분화(分化)되는
영(靈)의 새 아지(兒枝) 움틀 조짐인가
하나님의 신(神)이 내린듯
상향(上向)한 가지들이 영험(靈驗)스럽게 떤다.

선(禪) 속 동그라미를 열면
가 없는 집 밖에서 서성거리는 삼동(三冬)[105]
설화(雪花)가 증발한 여린 아지(兒枝) 끝
열 개의 손톱눈이 개안(開眼)하니
오, 묘(妙)한 꽃
수렴(收斂)의 열매
영(靈)이여.

---

[105] 삼동(三冬) : 겨울의 석달.

선방연가(禪房戀歌) 1

도리천(忉利天)[106]에 거니시는 선덕여왕(善德女王)은
웃는 내 귀에 관세음(觀世音)이지.

태백성계(太白聖界)에 노니시는 수로부인(水路夫人)은
듣는 내 귀에 백의신모(白衣神母)지.

그 옛날
신라(新羅) 하늘의 선덕여왕(善德女王)은
1972년 서울에 사는 나하고
황룡사(皇龍寺) 뒷방에서 신방(新房)을 차렸다
지귀(志鬼)란 놈이 그걸 보았지.

그 옛날
신라(新羅) 땅의 수로부인(水路夫人)은
1972년 평양에 사는 나하고
쪽빛 동해(東海)에서 정사(情事)를 했다
암소 잡은 늙은이[107] 그걸 보았지.

---

106 도리천(忉利天) : 불교의 육욕천의 둘째 하늘. 이 하늘의 신인 제석천은 사천왕과 32천을 통솔함.
107 * 암소 잡은 늙은이 : 수로부인(水路夫人)에게 헌화가(獻花歌)를 지어 받친 노인(老人).

첫날 밤 선덕여왕(善德女王)과 동침(同寢)하면서
열린 미래(未來)를 향해 흔아들을 빚었다
마지막 밤 수로부인(水路夫人)과 꿈을 꾸면서
초인(超人)으로 회귀(回歸)할 〈올자(耇)〉를 낳았다.

붉산의 아들들이여
귀가 웃거던 내 형상(形像)을 보아라.
올천(川)의 딸들이여
눈이 듣거던 이 소식을 듣거라.

선방연가(禪房戀歌) 2

전인미답(前人未踏)
젖과 꿀이 흐르는 보배로운 땅.

상긔,
더럽혀지지 않은 깨끗한 소녀(少女)는
나를 오라고 손짓하며
천뢰(天籟)[108]의 바람결
염염(炎炎)[109]히 소식을 전해 온다.

상미존(尙未存)의 오늘
안석(几)에 기대앉아
멍하니 좌망(坐忘)을 하다가
문득,
두손 모아 답(答)한다.

묘(妙)의 문(門) 열리면

---

108 천뢰(天籟) : 하늘의 소리, 천뢰(天籟), 지뢰(地籟), 인뢰(人籟)의 삼뢰(三籟)가운데 하나. 『장자(莊子)』, 「제물론(齊物論)」.
109 * 염염(炎炎) : 염(炎)은 염(淡)과 같다. 대언염염 소언첨첨(大言炎炎 小言詹詹)(『장자(莊子)』「제물론(齊物論)」. 도(道)에서 나온 말은 담 담하여 맛이 없다(『노자(老子)』).

발기(勃起)되는 내 두상(頭像)
씨의 로고스를 사정(射精)한다.

무염(無染)한 소녀에게 시태(始胎)되어
나는 장차 〈올자(者)〉다.
내일 모래
동(動) 동(動).

무구(無垢)한 모성(母性)에게 회임되어
나는 현재(現在) 〈오고있는 자(者)〉다.
글피 그글피
동(動) 동(動).

환(幻)이 실상(實相)으로 변화할
성차원(聖次元)[110]
그 곳에 춤추노라.

꿈이 현실(現實)로 이루어질
영공간(靈空間)[111]
그 곳에 춤추노라.

---

110 성차원(聖次元) : 세속차원이 아닌 하늘 차원
111 영공간(灵空間) : 하늘차원의 공간을 말함. 저자는 성차원(聖次元)과 더불어 짝 개념으로 사용함.

선방연가(禪房戀歌) 3[112]

귀엽다
아기의 붉은 고추여
자씨(慈氏)[113] 엄마야
곤지 곤지(坤地) 하여이다.

귀엽다
아기의 붉은 고추여
자씨(慈氏) 엄마야
도리 도리(道理) 하여이다.

귀엽다
아기의 붉은 고추여
자씨(慈氏) 엄마야
도곤 도곤(道坤) 하여이다.

---

112 영원한 모성인 자씨(慈氏)엄마가 아기를 양육할 때 무심코 부르던 노래의 속뜻을 시어로 표현한 시. 자씨엄마가 곤지(坤地 : 땅의 이치를 깨우침), 도리(道理 : 도의 이치를 깨우침), 짝궁(宮 : 도의 배우자를 만남), 섬마(殲魔 : 마귀를 죽임) 등의 도의 말을 아기에게 가르쳐야 한다는 것을 비유적으로 표현.

113 자씨(慈氏) : 마이트리야(Maitreya)를 음역한 미래불인 미륵을 말하며, 자씨(慈氏)로 의역된다. 자애로운 보살을 의미하는 자씨보살이라고 한다. 『선(禪), 그 밭에서 주운 이삭들』의 제9장 4절에는 '자씨(慈氏) 어머니'로 표현함.

귀엽다
아기의 붉은 고추여
자씨(慈氏) 엄마야
짝궁 짝궁(宮) 하여이다.

귀엽다
아기의 붉은 고추여
자씨(慈氏) 엄마야
섬마 섬마(殲魔) 하여이다.

사계(四季)의 기도(祈禱)

내 이성(理性)이 기억하게 하소서
내 감성(感性)이 연상하게 하소서
순수한 기억 속에 연상되는
선험(先驗)한 내 짝
하늘이여 천칭(天秤)[114]을 보시옵소서.

장부리앙색(色) 발그레한 생명의 빛 속에
꽃물이 터지는 사춘(思春)의 수줍음
첫 새벽 개안(開眼)되는 무염(無染)한 첫눈에
전생(前生)의 막내누이처럼 기억되는
구원(久遠)한 소녀와 만나게 하소서.

물빛 라일락의 향(香)과 체취(體臭)
신방(新房)을 열면
이승의 어머님을 곱게 닮은
영원한 숙녀(淑女)와 만나게 하소서.

애애(靄靄)한 춘일(春日)
분홍과 초록과 노랑

---

114 천칭(天秤) : 저울의 하나. 하늘의 징조와 기미를 의미함.

물감을 잘 배색(配色)하는
창조적교양(創造的敎養)과 미감(美感)을 주소서.

해바라기 하일(夏日)
십이음계(十二音階)를 오르내리는 화음(和音)
교향악(交響樂)이 연주(演奏)되는 집웅 밑에
악기(樂器)의 개성(個性)과 음색(音色)을 주소서.

귀밑 서리온 추일(秋日)
열두폭 병풍(屛風) 남화(南畵) 모양
뜬 구름 넘어 하늘 밖
바래진 심성(心性)의 여백(餘白)이 열리는
수묵(水墨)빛 산수(山水)가 되게 하소서.

하이얀 동일(冬日)
북창(北窓)에 성애가 필 때
원만(圓滿)한 동그라미 속에 합장(合葬)되는
오, 태극(太極)에의 복귀(復歸)
소리없이 승천(昇天)시켜 주소서.

태극도(太極禱)[115]

쌍닫이 대문(大門)을 활짝 여소서
열쇠와 잠을통의 연분(緣分)으로
성도(成道)한 건남(乾男)과 곤녀(坤女)[116]가 드오니
거룩한 손을 높이 쳐들어
만대(萬代)의 축복을 내려 주소서.

함장가정(含章可貞)[117]하신 나의 신부(新婦)여
숫봉(鳳)과 암황(凰)이 깃을 드리운
태극(太極)의 집, 무극(無極)의 내실(內室)에
금촉대 휘황(輝煌)하게 밝혀놓고
첫날 밤 신방(新房)을 차리사이다.

토기장이 하나님을 닮아
지아비와 지어미된 우리

---

115 다음을 참고할 것 : 변찬린, 「성서(聖書)와 역(易)의 해후(邂逅)」, 『증산사상연구甑山思想研究』 4집(輯), 1978. 139-184; 이호재, 〈'부호만 보고 역사를 찾지 않고, 역사만 찾고 부호를 보지 못한다- '성서와 역(주역과 정역)의 해석학적 해후〉, 《에큐메니안》, 2020. 05. 26.
116 성도(成道)한 건남(乾男)과 곤녀(坤女) : 하늘의 도를 완성한 남자[건도성남(乾道成男)]와 땅의 도를 완성한 여자[곤도성녀(坤道成女)]를 말함『주역』, 「계사전」.
117 함장가정(含章可貞) : 아름다운 덕을 지니고도 드러내지 않고 곧음을 지킨다는 의미. 육십사괘(六十四卦)중 두 번째 삼효의 효사의 일부.

오손 도손 속삭이는 밀어(密語)와 정화(情話)는

태초(太初)에 계신 말씀이 되어

의미(意未)를 낳게 하소서

상징(象徵)을 빛게 하소서.

천지(天地)와 일월(日月)의 덕(德)을 얻어

어제는 수화기제(水火旣濟)[118]로 포옹하고

날개 돋친 영원한 오늘은

지천태(地天泰)[119]의 괘효(卦爻)로 합환(合歡)하오니

이 사랑을 어여삐 여기소서.

새 부모(父母)가 된 내외(內外)

새 조상(祖上)이 된 부처

우러러 태극(太極)의 괘상(卦象)을 본받아

한 동그라미 안에

여덟 식구(食口) 단란(團欒)한 가정[120]을 이루어

생육(生育)하고 번성(蕃盛)하게 하소서.

---

118 * 수화기제(水火旣濟) : 육십사괘(六十四卦)중 예순 세 번 째 괘(卦) ䷾ .
119 * 지천태(地天泰) : 육십사괘(六十四卦)중 열 한 번 째 괘(卦) ䷊ .
120 여덟 식구(食口) 단란(團欒)한 가정 : 역의 팔괘(八卦)를 여덟 식구에 비유함, 즉 건(乾,☰)은 아버지, 태(兌, ☱)은 막내딸, 리(離, ☲)은 차녀, 진(震, ☳)은 장남, 손(巽, ☴)은 장녀, 감(坎, ☵)은 차남, 간(艮, ☶)은 차녀, 곤(坤, ☷)은 어머니를 말함.

요한복음(福音)에 핀 금병매(金瓶梅)[121]

1. 빙호(氷壺)에 핀 영(靈)꽃
〈요한 4장 4절-24절〉

수가촌(村)

야곱의 우물가에 피어난

해어화(解語花)[122].

귀 웃고

눈 열려

수하(樹下)에 마주 앉아

선문답(禪問答)하듯 대화(對話)하는

제(第)6시(時) 쯤

담청(曇晴) 구름 위로

드높게 솟은 영대(靈臺)

---

121 *『금병매(金瓶梅)』: 중국명대(中國明代)의 소설(小說). 주인공(主人公) 서문경(西門慶)을 둘러싼 여인군상(女人群像) 가운데서 반금련(潘金蓮), 이병아(李甁兒), 춘매(春梅)의 세 여인을 대표(代表)로 삼고 이들 이름에서 한자씩 따서 소설(小說)의 제명(題名)으로 하였다. 요한복음(福音)에 나오는 세 여인을 금병매(金瓶梅)에 은유(隱喩)함.
122 해어화(解語花) : 말귀가 열린 도녀(道女)인 사마리아 여인.

탁 트인 개천(開川)

남(嵐)결 소요(逍遙)하는 신령(神靈)한 마당

발밑

신설(新雪)에 파묻힌 다섯 연봉(連峰)

구약(舊約)의 사맥(死脈)[123]들

아아(峨峨)[124]

신약(新約)의 키리만자로[125]

표(豹)의 시체가 얼어붙은 산정(山頂)에

화알짝 핀

영(靈)이여

정화(情火) 뿜던 분화구(噴火口)에 쌓인

천년설(千年雪)

---

123 사맥(死脈) : 죽은 자의 맥. 저자는 성서해석에서 대부분의 성서적 인간은 '죽은 자의 맥'이고 에녹과 멜기세덱과 엘리야, 모세와 예수를 '산 자의 맥'으로 구분하고 있음. 변찬린, 『성경의 원리』, 한국신학연구소, 2019, 62-90. 이에 대해 김상일은 동이족의 신선사상과 성서의 부활사상을 융합하고, 이를 체계화한 것은 세계 그리스도교계의 해석 지평의 새로운 장을 열었다고 평가하고 있음. 김상일, 〈한국의 풍류사상과 기독교를 선맥사상으로 융합한 사상가의 복원〉, 《교수신문》, 2017.12.18.
124 아아(峨峨) : 산이 높고 험하게 우뚝 솟은 모양.
125 * 키리만자로산(山) : 헤밍웨이의 명작소설(名作小說)(탕카니카에 있는 영산(靈山)). 해발 육천미(六千米)가 넘는 산정(山頂)에 표(豹)의 시체가 있다.

만년빙(萬年氷)

이 휴화산(休火山)에
자하(紫霞)¹²⁶ 곱게 빛나고
효무(曉霧)¹²⁷ 자욱히 서린 영기(靈氣)를 보라.

균(菌) 없는
샘물이 용출(湧出)¹²⁸하는
천지(天池)

오
맑은 빙호(氷壺)

---

126 자하(紫霞) : 보랏빛 노을. 보랏빛은 신성한 공간을 의미하는 상징적인 색깔.
127 효무(曉霧) : 새벽녘에 끼는 안개.
128 용출(湧出) : 뿜어져 나옴.

2. 간화(姦花) 한송이
⟨요한 8장 1절-11절⟩

- 여름 바다였다.

깊은 암거(暗渠)¹²⁹의 밑바닥으로

썩은 하수구(下水溝)를 통해 강(江)으로

⟨혼(混)⟩이란 이름의 물이 흘러간 곳.

번뇌의 씨앗

여체(女體)를 품으면

밀려오는 피의 조수(潮水)

숨결 거친 해조음(海潮音)¹³⁰은

더럽혀진 모든 여성(女性)들의

거룩한 열도(熱禱)¹³¹

장엄한 합창(合唱)

⟨천하(天下)의 때(垢)를 받자⟩고 …….

때를 빨고

염(染)을 씻은 구정물이

---

129 암거(暗渠) : 땅속 어두운 도랑.
130 해조음(海潮音) : 파도 소리. 고통받는 중생을 위한 부처의 설법과 같은 뭇 여성들의 거룩한 숨소리.
131 열도(熱禱) : 피땀을 흘리는 간절한 기도.

백곡(百谷)에 넘실거릴 때

비로소 열려오는
남(藍) 빛
여름 바다.

하늘과 교환(交歡)하는 수평선(水平線)
바다와 교감(交感)하는 천평선(天平線)
뭍을 향해 몸부림치는 파도
싱그러운 교향(交響)
영그러운 말씀.

이 흐름 아득한 날
무의식(無意識)과 의식(意識)의 짬에
현의식(現意識)과 초의식(超意識) 사이에
불타는 홍염(紅焰)처럼 피어난
원죄(原罪)의 간화(姦花) 한송이
깊은 회한(悔恨), 모진 치욕(恥辱)을 안고
절망의 단애(斷崖)[132]에 서서 울고 있다.

누가 이 여인을 정죄(定罪)하랴

---

132 단애(斷崖) : 깎아 세운 듯한 낭떠러지.

더럽다 침을 뱉으랴
순대여, 똥 만드는 기계(機械)들이여.
〈죄(罪) 없는 자(者)가 먼저 돌로 치라〉

벽(壁)에 박힌
무수한 눈에서 살기(殺氣)가 걷히고
피묻은 손에 맥(脈)이 풀려 떨어지는
십계(十誡)의 돌.

죄책(罪責)같이 무거운 돌
돌처럼 굳어버린 심령(心靈)들이
해저(海底) 깊이 가라앉는다
익사(溺死)하는 비정(非情)이여
침몰(沈沒)하는 구약(舊約)이여.

아, 모든 법(法)은 흘러
바다로 가거라.

3. 그대 체취(體臭)를 무덤 속에
〈요한 12장 1절 - 88절〉

옥합(玉盒)을 깨뜨릴 때
자유(自由)한 나드향(香)은

그미의 체취(體臭)가 아니였을까?
애틋한 육향(肉香)이 아니였을까?
연애(戀愛)의 미약(媚藥)이 아니였을까?
사랑의 묘약(妙藥)이 아니였을까?

관능(官能)의 파도여
물결 위에 춤추는 불길이여.

살내 짙은 이 발산(發散)을
막달라 마리아여
방(房)안과 침실(寢室)에 풍기지 말고
무덤 속에 있게 하라.

부활의 아침
새 장(場)이 열릴 때

애틋한 정(情)

목마른 그리움은

영원으로 통하는 문(門)을 열리.

로고스의 씨를

팟내 싱싱한 네 자궁(子宮)에다 심고

영(靈)이 엉킨 구름을 타고

나는 승천(昇天) 하겠노라.

곤륜무(崑崙舞)

나비여
장자(莊子)의 꿈이여.

색(色)의 밭
오만꽃 시들고
붉은 단풍(丹楓) 아롱진 이파리마다
설게 퇴색(褪色)하기 전에

서늘한 바람을 타고
깃털 가비야이
곤륜(崑崙)으로 가자.

아아(峨峨)
천고(千古)의 오름(山)
이내(嵐)의 밭으로
구름의 골 안으로

기(氣)의 꽃 만발한
무하유(無何有)[133]의 마당에

---

133 * 무하유(無何有) : 무위무작(無爲無作)의 절대 자유한 경지(境

추움 추려 가자.

장자(莊子)여
나비의 꿈[134]이여.

地).『장자(莊子)』,「소요유(逍遙遊)」.
134 * 나비의 꿈 - 호접몽(蝴蝶夢).『장자(莊子)』,「제물론(齊物論)」.

군더더기 삼편(三篇)

한산(寒山)[135]을 먹듯

바위야
검은 바위야
억겁(劫) 다문 입 열어
나를 삼켜다오.

한산(寒山)을 먹듯
한산(寒山)을 먹듯
그렇게 나를 삼켜다오.

굳게 닫친 암심(岩心)[136] 속에
내 생명의 씨
감추(藏)리.

---

135 * 한산(寒山) : 당(唐)의 시인(詩人), 문수보살(文殊菩薩)의 화신(化身)이라 함. 습득(拾得 : 보현보살(普賢菩薩)의 화신(化身)과 더불어 빈사(貧士) 풍광(風狂)으로 독소자락(獨笑自樂 홀로 웃고 즐김)하다가 암혈(岩穴)속에 자취를 감춤.
136 암심(岩心) : 바위의 마음.

내 종식(終息)은

오선지(五線紙) 위에
누운, 내 종식(終息)은
도음(音)이 되게 하소서.

음계(音階)의 사다리
오르는 내 마지막
고른 숨결은
맑은 갈 바람결에 흐르게 하소서.

큰 숨결
큰 흐름에 합류(合流)되어
내 음색(音色)
곱게 빛나게 하소서.

귀여
웃는 귀여.

서늘한 바람결
잔잔히 흘러가는
적멸(寂滅)의 자장가를 듣는가.

오선지(五紙線) 너머
선(線) 없는 악보(樂譜)
현(弦) 없는 가락을 듣는가.

낯익은 이승의 하늘
낯설게 멀어지는
날. 내 종식(終息)은
도음(音)이 되게 하소서.

유언시(遺言詩)

-흔붉에게-

내가 죽거든 흔붉이여
고기는 숯불에 다비(茶毘)[137] 하거라
뼈는, 하이얀 뼈는
동해(東海)에 뿌리고
사리(舍利) 한 알은 백두산(白頭山)에 묻어라.

내가 죽거든 흔붉이여
유고(遺稿)는 청동화로(靑桐火爐)에 태워라
재는, 분고(焚稿)한 재는
남해(南海)에 날리고
사리(舍利) 한 알은 한라산(漢拏山)에 묻어라.

내가 죽거던 흔붉이여
사상(思想)은 원자로(原子爐)에 넣어라
불은, 평화(平和)의 불은
황해(黃海)에 켜 놓고
사리(舍利) 한 알은 판문점(板門店)에 묻어라.

---

137 다비(茶毘) : 시체를 화장(火葬)한다는 불교적 용어.

내가 죽거던 흔붉이여

영혼은 청자향로(靑磁香爐)에 사루어라

얼은, 분향(焚香)한 얼은

운해(雲海)에 띄우고

사리(舍利) 한 알은 자연(自然)에 묻어라.

후기(後期)

부조리(不條理)한 세계내(世界內)에 내가 던져졌을 때 이 세상(世上)은 결핵균(結核菌)을 뿌리고 양잿물을 먹여 나를 푸대접했읍니다.

유배(流配)당한 수인(囚人)의 방(房)
암회색(暗灰色) 사각(四角)의 벽(壁)에는 출구(出口)가 없었습니다.
좌절(挫折)과 실의(失意), 우수(憂愁)와 절망(絶望), 고통(苦痛)과 비참(悲慘), 고독(孤獨)과 심연(深淵), 무의미(無意味)와 허무(虛無), 패배감(敗北感)과 무력감(無力感), 피로 맹개질한 무수한 낙서(落書)들이 주술(呪術)의 상형문자(象形文字)처럼 나를 비웃고 있었읍니다.

희망은 오직 죽음을 기다리는 것 뿐.
〈어서 잡아 먹어라. 고뇌의 해골박을 씹어 먹어라〉
하나 지루한 유예(猶豫)
사망(死亡)의 아가리는 하품하여 늑장을 부렸읍니다.
불안(不安)의 균(菌)이 전염시킨 공포의 병(病)

우수(憂愁)의 균(菌)이 감염시킨 고독의 병(病)

허무(虛無)의 균(菌)이 오염시킨 절망의 병(病)

원죄(原罪)의 균(菌)이 부식(腐蝕)한 죽음의 병(病)

세균(細菌) 앞에서, 병마 앞에서, 운명(運命) 앞에서, 사신(死身) 앞에서, 나는 순금(純金)빛 젊은 날을 몽땅 빼앗겼지만 믿음의 품위(品位)와 구도자(求道者)의 성실(誠實)만은 잃지 않았읍니다.

황무(荒蕪)한 세계심전(世界心田)에 〈성(誠)의 종자(種子)〉가 묻친 마음을 받고 왔으니 이 도인(桃仁)을 발심(發心)시켜 꽃피우고 생명수(生命樹) 맨 윗가지에 영(靈)으로 수렴(收斂)될 열매를 맺기 위하여 성지(誠之)의 자세로 자강불식(自彊不息) 건행(健行)하지 않을 수 없었고 용맹정진(勇猛精進) 가부좌(跏趺坐)하지 않을 수 없었읍니다.

서풍(西風)결에 들려오는 야스피어스의 이런 소식(消息)도 참 좋았읍니다.

〈이 세계(世界) 안에 살면서 이 세계(世界) 안에서 사는 것 같이 살지 말라.〉

나는 시(詩)를 잘 모릅니다.

아리스토테레스의 문하(門下)에서 시학강의(詩學講義)를 들은 일도 없고, 보오드레르와 더불어 상징(象徵)의 오솔길을 산책(散策)한 일도 없고, T. S 엘리오트의 사무실(事務室)에서 현대시(現代詩)의 작법(作法)과 해독법(解讀法)을 배운 일도 없읍니다.

플라톤의 공화국(共和國)에서 추방(追放)당한 시인(詩人)들보다 고성(古聖)들에게서 배우고 싶었습니다.

때문에 시인(詩人)이 되고픈 마음은 없었고 〈사람다운 사람〉이 되고픈 대원(大願)만은 발(發)했읍니다.

도상(途上)의 구도자(求道者)로서 아직 가인(假人)의 지경을 벗어나지 못하고 있지만 드디어 〈오메가점(點)〉에 도달할 것입니다.

〈꽃을 주제(主題)로 한 마흔편(篇)의 화사(華詞)〉는 홀로 길을 가면서 얻은 나의 느낌들이며 〈군더더기 삼편(三篇)〉은 사신(死神) 앞에 제출한 나의 각서(覺書)입니다.

끝으로 제자(題字)를 써주신 함석헌(咸錫憲)님과 이 시집(詩集)이 출판(出版)되기까지 후의(厚意)를 베풀어주신 이광덕(李光德)님과 여러모로 협조(協助)해주신 김제태(金濟泰)님께 충심으로 감사의 뜻을 표합니다.

          1972년(一九七二年) 7월(七月) 4일(四日)
            신설동(新設洞) 우거(寓居)에서
                    저자(著者)